감성 돋는 ....

뉴 레트로
종이 인형

바비인형편   박지영 지음

감성 돋는 **뉴 레트로 종이 인형** : 바비인형편

발행일 2021년 7월 30일

지은이 | 박지영

펴낸이 | 장재열

펴낸곳 | 단한권의책

출판등록 | 제2017-000071호(2012년 9월 14일)

주소 | 서울시 은평구 서오릉로 20길 10-6

팩스 | 070-4850-8021

이메일 | jjy5342@naver.com

블로그 | http://blog.naver.com/only1book

ISBN 978-89-98697-82-2 13690

값 12,000원

Contents

이 커리어 우먼 career woman

03 스포티 걸 *Sporty Girl*

06 피크닉 Picnic

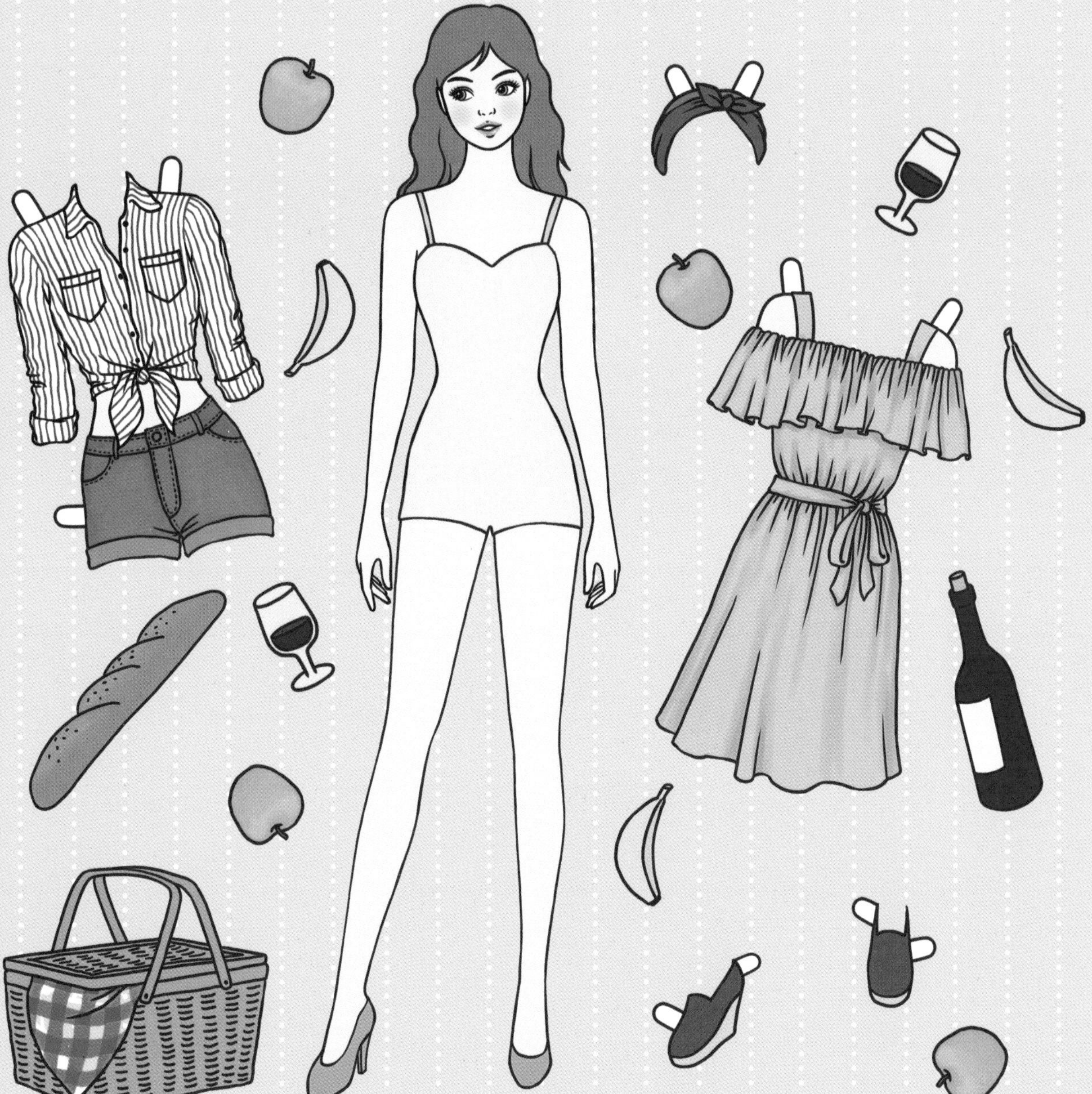

14 쿠킹 데이 Cooking Day

15 발레리나 Ballerina

18 작은 아씨들_메그 Little women-Meg

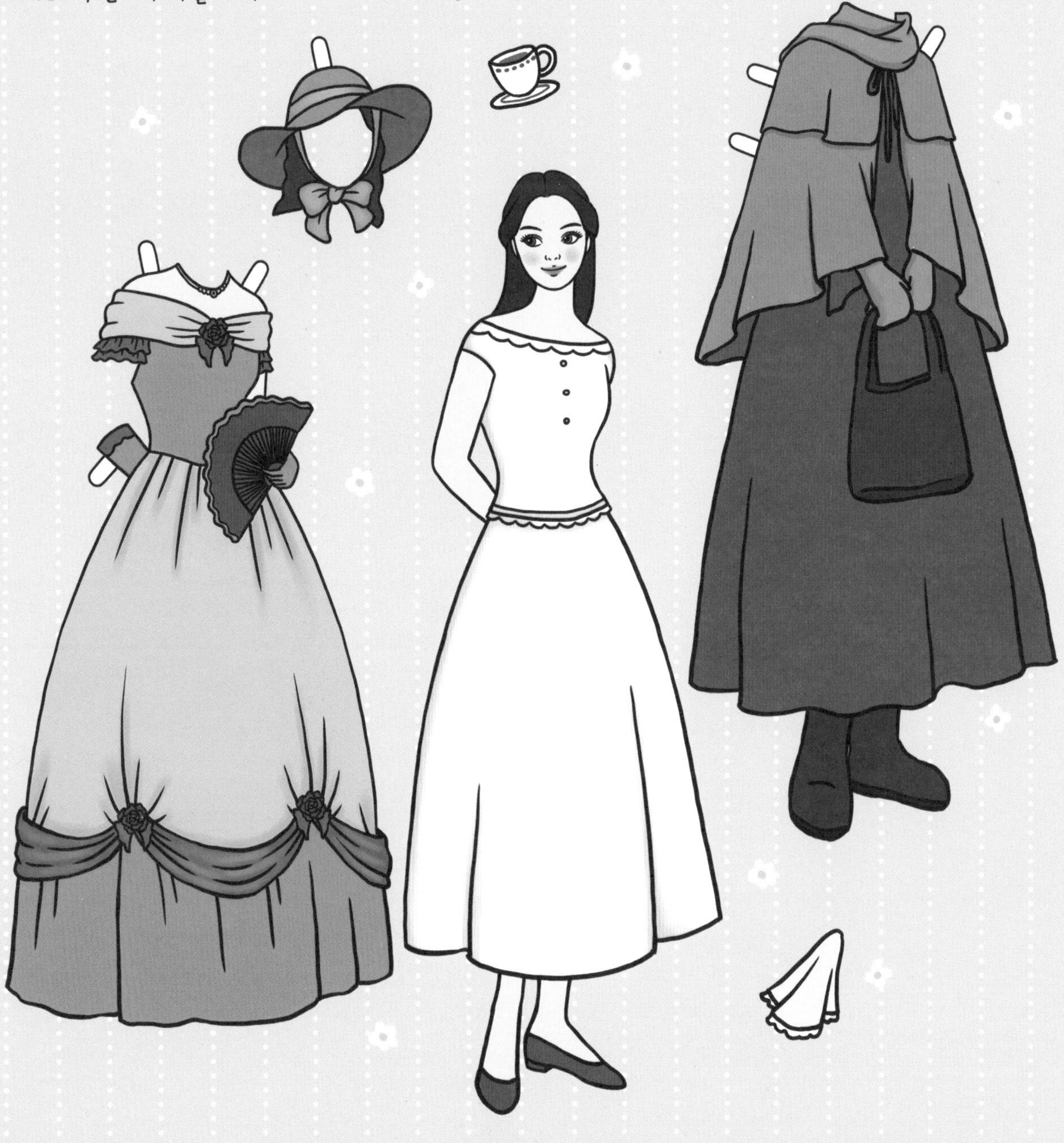

25 마릴린 먼로 Marlyn Monroe

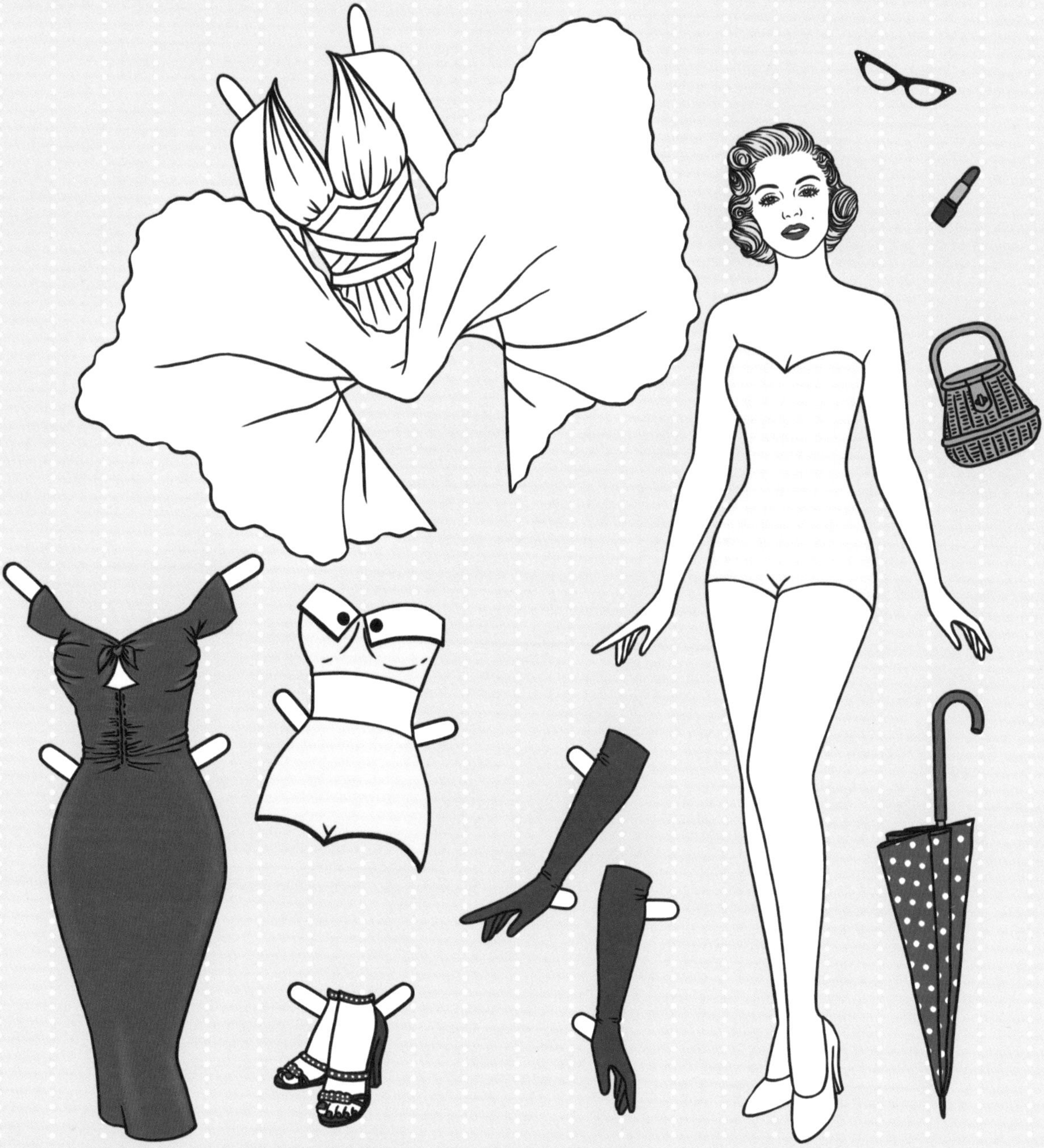